CHANTS DIVERS

EN LATIN ET EN FRANÇAIS

POUR SERVIR DE SUPPLÉMENT

AU

RECUEIL DES CANTIQUES DE SAINT-SULPICE

A L'USAGE

DU PETIT SÉMINAIRE

de

L'IMMACULÉE-CONCEPTION

SÉEZ

TYP. DE MONTAUZÉ, IMPR. DE L'ÉVÊCHÉ.

1869

CHANTS DIVERS

EN LATIN ET EN FRANÇAIS

Pour servir de supplément

AU

RECUEIL DES CANTIQUES DE SAINT-SULPICE

A L'USAGE

DU PETIT SÉMINAIRE

de

L'IMMACULÉE-CONCEPTION, A SÉEZ

SÉEZ

TYP. DE MONTAUZÉ, IMPR. DE L'ÉVÊCHÉ.

—

1869

PREMIÈRE PARTIE

HYMNES ET PROSES.

Noel de nos aïeux.

Refrain :
Noel ! Noel !
Lætâ voce Noel,
Corde pio Noel,
Noel concinite.

Nova vobis gaudia refero :
Nascitur Rex Virginis utero ;
E supero
Descendit solio :
Cœlesti puero
Gaudentes plaudite.

Terris datur salvator sæculi,
Reparator gementis populi.
Pueruli,
Adolescentuli,
Cum viris vetuli,
Gaudia pandite.

Dei proles, lumen de lumine,
Concipitur divino flamine,
Sub tegmine
Virginis fœminœ :
Numen de numine
Natum stupescite.

Arte Satan Eva decipitur,
Vir credulus Adam collabitur.
Ars fallitur ;

Satan illuditur,
Et pede teritur
Virginis inclytæ.

Virtus prodit ; occidit vitium ;
Pax agitur; exsul fit odium.
    Rex omnium
Offert solatium
Et dat remedium
Salutis perditæ.

Datum nobis ineffabiliter
Deprecamur Christum suppliciter.
    Illuc iter
Monstret benigniter,
Ubi perenniter
Det secum vivere.

Prose pour l'Epiphanie.

Ad Jesum accurrite,
Corda vestra subdite
Regi novo gentium.

Stella foris prædicat,
Intus fides indicat
Redemptorem omnium.

Huc afferte munera
Voluntate libera,
Sed munera cordium.

Hæc erit gratissima
Salvatori victima,
Mentis sacrificium.

Offert aurum charitas,
Et myrrham austeritas,
Et thus desiderium.

Auro Rex agnoscitur,
Homo myrrha ; colitur
Thure Deus gentium.

Judæa, gaudentibus
Non invide gentibus
Retectum mysterium.

Post custodes ovium,
Se Magi fidelium
Jungunt in consortium.

Qui Judæos advocat
Christus, gentes convocat
In unum tugurium.

Bethleem fit hodie
Totius Ecclesiæ
Nascentis exordium.

Regnet Christus cordibus,
Et victis rebellibus
Proferat imperium.

Amen.

Prose en l'honneur du S. Cœur de Jésus.

Venite, cuncti, currite
Ad Cor Jesu mitissimum :
Cunctos vocat, confidite ;
Amoris est incendium.

En illa vobis panditur
Fornax amoris ignea :
En militis recluditur.
Is gratiæ fons lanceâ.

O cor, amoris victima,
Amore nostri saucium,
Mortalium spes ultima,
Solamen hic mœrentium !

Tu Trinitatis gloria ;
Unit tibi se Filius ;
Sunt Patris in te gaudia ;
In te quiescit Spiritus.

Tu portus orbi naufrago,
Reis asylum mentibus,
Cordi cibus famelico,
Certa quies fidelibus.

Hic tuta parant milites,
Pulso pavore prælia :
Pax alma, virtutis comes,
Hic sede regnat propriâ.

Quibus nitescunt Virgines,

Hic casta fragrant lilia ;
Et unde fulgent Martyres,
Blande rubescit purpura.

Hoc quibus mundus agitur,
Vices reguntur pectore ;
Hoc et quibus abluitur
Manant fluenta gratiæ.

O Cor Deo par victima !
Altare sacratissimum,
In quo perennis hostia
Culpas piat mortalium !

O Cor amore saucium,
Amore corda saucia !
Vitale nectar cœlitum,
Amore nos inebria.

     Amen.

Prose pour la Dédicace des Eglises.

Jerusalem et Sion filiæ,
Cœtus omnis fidelis curiæ,
Melos pangant jugis lætitiæ,
  Alleluia !

Christus enim norma justitiæ,
Matrem nostram desponsat hodie,
Quam de lacu traxit miseriæ,
  Ecclesiam.

Hanc sanguinis et aquæ munere,
Dum penderet in crucis arbore,
De proprio produxit latere
  Deus homo.

Formaretur ut sic Ecclesia,

Figuratur in prima fœmina,
Quæ de costis Adæ est edita,
    Mater Eva.

Eva fuit noverca posteris ;
Hæc est mater electi generis,
Vitæ portus, asylum miseris,
    Et tutela.

Hæc est cymba quâ tuti vehimur,
Hoc ovile, quo tecti condimur ;
Hæc columna, quâ firmi nitimur,
    Veritatis.

O solemnis festum lætitiæ,
Quo unitur Christus Ecclesiæ,
In quo nostræ salutis nuptiæ
    Celebrantur !

Justis inde solvuntur præmia,
Lapsis autem donatur venia,
Et sanctorum augentur gaudia
    Angelorum.

Ab æterno fons sapientiæ,
Intuitu solius gratiæ,
Sic prævidit in rerum serie
    Hæc futura.

Christus jungens nos suis nuptiis,
Recreatos veris deliciis,
Interesse faciat gaudiis
    Electorum.
          Amen.

Fragments d'une prose de S. Bernard
EN L'HONNEUR DE JÉSUS ET DE MARIE.

Air : *Jerusalem et Sion filiæ.*

Summe summi tu Patris Unice,
Mundi faber et rector fabricæ,
Peccatores afflictos respice,
    Pie Pater.

Summa summi tu Mater Filii,
Fove tui lacte consilii
Peregrinos hujus exilii,
    Pia Mater.

Audi, precor, ô qui das gratiam !
Et per tuam misericordiam,
Peccatorum meorum veniam
    Mihi dona.

Audi, precor, ô plena gratia !
Et pro tuâ misericordiâ
Deo nostro me reconcilia,
    Mater bona.

O figura Patris substantiæ !
Tu es verum lumen justitiæ
De quo manat totius gratiæ
    Plenitudo.

O Regina status levitici,
Tu es arca panis angelici,
De quo nostra meretur refici
    Solitudo !

O intactæ Fili puerperæ,
Audi planctus animæ miseræ,
Quæ peccati jacens in pulvere,
    Lamentatur !

O intacta Virgo puerpera,
Ad te clamat mens mea misera,
Quæ nefanda semper ad scelera
    Effrenatur !

Pie Pater, errantem corrige,
Piam manum labenti porrige,
Et in viam tuorum dirige
    Mandatorum.

Pia Mater, orantem visita,
Coram Jesu benigno clamita,
Ut meorum remittat debita
    Peccatorum.   Amen.

Immaculatæ Virgini Mariæ.

Maria concipitur
Sine labe criminis,
Tota pulchra graditur
In splendore luminis;
Plaudat Dei Civitas !

Vox auditur cœlitùs :
Ecce Patris filia,
Sponsa Sancti Spiritûs,
Parens Christi regia,
Quam coronat Trinitas.

Deipara dicitur,
Arca vivens fœderis,
Super aquas vehitur,
Et subvenit miseris
Quos unda demerserat.

Ut aurora claruit,
Diem pacis nuntians;
Ut arcus resplenduit
Inter nubes radians;
Ipsa Solem generat.

Virgo, mater inclyta,
Deum prodit Filium,
Premit anguis capita,
Fit salus mortalium,
Pandit templum gloriæ,

Super astra tollitur,
Sedet Nati dexteris,
Ab angelis colitur,
Et de thronis superis
Rorem spargit gratiæ.

Virgo mundi Domina,
Dei manum sustines,
Aufer illi fulmina,
Tuere nos homines,
Natos ne despicias.

Te præsules obsecrant,
Tibi reges gentium
Se regnaque consecrant,
Et cœtus fidelium
Dedicant ecclesias.

Thronum Petri stabilem
Forti serva dexterà ;
Orbem nutu docilem
Per fidem regenera :
Vitæ fontes aperi.

Per te, Virgo virginum,
Regna Christi floreant ;
Per te, portus hominum,
Venti, mare sileant !
Cadant hostes inferi.

Rugientis dæmonis
Fregistis uperbiam :
Maria, dux agminis,
Nostram pots militiam,
Da palmam victoriæ.

O Regina cœlitum,
Votis sis propitia,
Et vitæ post exitum.
In æternâ patriâ,
Da coronam gloriæ.

Amen.

Prose en l'honneur de la Très-Sainte Vierge.

Sub cantu prosæ Assumptionis.

Ave, Virgo virginum,
Spes salutis hominum,
Mater alma gratiæ.

Ave, sidus rutilum,
Laus et decus ordinum
Cœlestis militiæ.

Consolatrix inclyta,
Opem fer et visita
Certantes in acie.

Nos rege, nos incita,
Nos fove, nos excita
De lacu miseriæ.

Ave, Jesse Virgula,
Rosa veris primula,
Tota sine carie.

Peccatorum vincula
Solve prece sedulâ
Præsentis familiæ.

Plena Virgo gratiâ,
Reple cordis intima
Cœlesti temperie.

O lux beatissima,
Esto nobis lucida,
Fulgens Sole gratiæ.

Qui nos jungat superis,
Dans nobis in dexteris
Post spem frui specie.

Tu benigna diceris :
Miserere miseris,
Virgo, mater gratiæ.

Amen.

Autre prose.

Air : *Te laudamus, o Regnator.*

Salve, Mater Salvatoris,
Vas electum, vas honoris,
    Vas cœlestis gratiæ.

Ab æterno vas provisum,
Vas insigne, vas excisum
    Manu sapientiæ.

Salve, Verbi sacra parens,
Flos de spinis, spinâ carens,
    Flos spineti gloria.

Nos spinetum, nos peccati
Spinâ sumus cruentati :
    Sed tu spinæ nescia.

O Regina pietatis,
Et totius sanctitatis !
    Per te justis gratia.

O Maria Mater Dei,
Tu post Deum summa spei !
    Per te reis venia.

Ad te flentes suspiramus,
Te gementes invocamus,
    Evæ proles misera.

Intendentes tuæ laudi,
Nos attende, nos exaudi,
    Nos a malo libera.

Caro nobis adversatur,
Mundus carni suffragatur ;
Sed, o Mater, ut vincatur,
    Nos in te confidimus.

Hostis instat nos infestans,
Nunc se lupum manifestans,
Iram serpens nunc occultans :
   En ad te confugimus.

Tu, spes certa miserorum,
Vere mater orphanorum ;
Tu levamen oppressorum ;
   Omnibus es omnia.

Te rogamus voto pari,
Ut errantes in hoc mari
Nos in portu salutari
   Tua sistat gratia.

Jesu, Verbum Dei Patris,
Serva servos tuæ Matris ;
Solve reos, salva gratis,
Et nos tuæ claritatis
   Configura gloriæ.
          Amen.

Fragments d'une prose de Cluny.

Refrain :

Ave, ave, Maria ;
Ave, ave, Maria.

Ave, mundi gloria
Virgo mater, Maria,
Ave, benignissima !
Ave, ave, Maria.

Ave, plena gratiâ,
Angelorum Domina,
Ave, præclarissima !
Ave, ave, Maria.

Ave, decus virginum,
Ave, salus hominum.
Ave, potentissima !
Ave, ave, Maria.

Ave, mater Domini,
Genitrix Altissimi,
Ave, prudentissima !
Ave, ave, Maria.

Ave, mater gloriæ,   Ave, vena veniæ,
Mater indulgentiæ,   Fons misericordiæ,
Ave, beatissima!   Ave, clementissima!
Ave, ave, Maria.   Ave, ave, Maria.

Saint Casimir à la Sainte Vierge.

Omni die,   Evæ crimem
Die Mariæ,   Nobis limen
Mea, laudes, anima;   Paradisi clauserat;
Ejus festa,   Hæc dum credit
Ejus gesta   Et obedit
Cole devotissima.   Cœli claustra reserat.

Contemplare.   Propter Evam,
Et mirare   Homo sævam
Ejus celsitudinem;   Accipit sententiam:
Dic felicem;   Per Mariam
Genitricem,   Habet viam
Dic beatam Virginem.   Quæ ducit ad patriam.

Ipsam cole,   Virgo, salve,
Ut de mole   Per quam valvæ
Criminum te liberet.   Cœli patent miseris;
Hanc appella,   Quam non flexit
Ne procella   Nec allexit
Vitiorum superet.   Fraus serpentis veteris.

Omnes mei   O beata
Sensus, ei   Per quam data
Personate gloriam;   Nova mundo gaudia;
Prequentate   Et aperta
Tam beatæ   Fide certa
Virginis memoriam.   Regna sunt cœlestia!

Benedicta
Per quam victa
Hostis est versutia.
Destitutis
Spe salutis
Datur indulgentia.

Benedictus
Rex invictus
Cujus mater crederis ;
Increatus
Ex te natus
Nostri salus generis.

Clemens audi
Tuæ laudi
Quos instantes conspicis ;
Munda reos
Et fac eos
Bonis dignos cœlicis.

Fac me mitem
Pelle litem,
Compelle lasciviam ;
Contra crimen
Da munimen,
Et mentis constantiam.

Ut sim castus,
Et modestus
Dulcis, blandus, sobrius,
Pius, rectus,
Circumspectus,
Simulatis nescius.

Commendare
Me dignare
Christo tuo filio ;
Ut non cadam,
Sed evadam
De mundi naufragio.

Te Mariam.

Te Mariam laudamus, * te immaculatam confitemur.
Te reorum patronam * omnes peccatores deprecantur.
Tibi omnes christiani * et asceticæ congregationes.
Tibi singuli sodales * in Conceptione tuâ devote proclamant :
Immaculata, Immaculata, Immaculata, *
    O Virgo Theotocos !
Nullus est qui se abscondat a calore tuo, *
    Aurora consurgens.
Te dilectam Dei Patris filiam * omnes Angeli prædicant.
Te admirabilem Verbi matrem * credit inferus et contremiscit.

Te Spiritus Sancti sponsam * piaculares flammæ invocant.
Te omnes Ecclesiæ filii * totis præcordiis exultant.
Matrem * immensæ misericordiæ.
Charissimam sanctæ Annæ * et unicam filiam.
Dilectissimam a Deo * Josephi sponsam.
Tu vena * veniæ, Maria.
Tu singularis * mater es gratiæ.
Tu ad redimendum genus humanum * tuum commodasti uterum.
Tu Gabrieli dato consensu * gaudium peperisti universo mundo.
Tu regina a dextris Dei stas, * circumdata varietate.
Mediatrix ut sis * Dei et hominum.
Te ergo, quæsumus, nobis subveni, * qui tuam nominatim illibatam Conceptionem solemniter celebramus.
Æternâ fac * Angelorum beatitate donari.
Protege tuos alumnos,* et tuere fasciculum hæreditatis tuæ.
Et fove illos,* et fœcunda in operibus virtutum.
Tuis solemnibus congregamur* ad benedicendum tibi.
Et extollimus nomen Mariæ* super omne nomen amabile.
Dignare per purissimam Conceptionem tuam * nos a peccato præservare.
Ostende pro famulis tuis Filio tuo* pectus et ubera tua;
Ut ostendat Patri suo Unigenitus * latus et vulnera.
Nulla erit repulsa * ubi talia erunt caritatis insignia,
Te decet laus, de decet hymnus ; * tibi jubilus,
In Conceptione tuâ immaculatâ, o Maria, * ab universâ creaturâ.

Hymnes en l'honneur de saint Joseph.

I.

Cœlitum, Joseph, decus atque nostræ
Certa spes vitæ, columenque mundi,
Quas tibi læti canimus, benignus
    Suscipe laudes.

Te sator rerum statuit pudicæ
Virginis sponsum, voluit que Verbi
Te Patrem dici, dedit et ministrum.
    Esse salutis.

Tu Redemptorem stabulo jacentem,
Quem chorus vatum cecinit futurum,
Aspicis gaudens, humilis que natum.
    Numen adoras.

Rex Deus regum, Dominator orbis,
Cujus ad nutum tremit inferorum
Turba, cui pronus famulatur æther,
    Se tibi subdit.

Laus sit excelsæ Triadi perennis,
Quæ tibi præbens superos honores,
Det tuis nobis meritis beatæ
    Gaudia vitæ.

                            Amen.

II.

Iste, quem læti colimus fideles
Cujus excelsos canimus triumphos,
Hâc die Joseph meruit perennis
    Gaudia vitæ.

O nimis felix, nimis ô beatus,
Cujus extremam vigiles ad horam
Christus et Virgo simul astiterunt
    Ore sereno!

Ergo regnantem flagitemus omnes
Adsit ut nobis, veniamque nostris
Obtinens culpis, tribuat supernæ
    Munera pacis.

Sint tibi plausus, tibi sint honores,
Trine, qui regnas, Deus, et coronas
Aureas servo tribuis fideli,
    Omne per ævum.

                Amen.

III.

Quicumque sanus vivere
Cursumque vitæ claudere
In fine lætus expetit,
Opem Josephi postulet.

Hic sponsus almæ virginis,
Paterque Jesu creditus,
Justus, fidelis, integer,
Quod poscit orans impetrat.

Fœno jacentem parvulum
Adorat, et post exsulem
Solatur; inde perditum
Quærit dolens et invenit.

Mundi supremus artifex
Ejus labore pascitur;
Summi Parentis Filius
Obedit illi subditus.

Adesse morti proximus
Cum Matre Jesum conspicit,
Et inter ipsos jubilans
Dulci sopore solvitur.

Amen.

IV.

Salve, pater Jesu mei, Sponse Genitricis Dei, Quem decorat puritas.	Salve, salve.
Quænam possit te condigne Humana vox exaltare Quem selegit Trinitas!	Salve, salve.
Tu patriarcharum decus, Inter electos electus Virorum justissimus.	Salve, salve.
Tu consors integræ matris, Consolator in ærumnis, Adjutor fidissimus.	Salve, salve.
Dulces dies, dulces anni, Quibus intime vixisti In tali consortio!	Salve, salve.
Sed et beatior hora In quâ Jesus et Maria Reddiderunt te Deo!	Salve, salve.
Cui tam felix sors est data, Nulli sanctorum collata, Clientes juva tuos.	Salve, salve.
Exulantes consolare Emigrantes amplexare Quos hic habes servulos.	Salve, salve.

En l'honneur de St. Louis de Gonzague.

PROSE.

Festa solemnibus
Gonzagæ virgines
Celebrent cantibus,
Castique juvenes :
Terra miraculum
Quo stupent cœlites,
Cœlo dant Angelum.

Matris e gremio
Nondum educitur ;
Novo prodigio,
Jam Deo nascitur,
Jamque baptismate
Æternum deditur
Christi militiæ.

Quod fecit parvulus
Dum luget furtulum,
Quam fudit inscius,
Procacem nimium
Dum vocem meminit,
Tribunal ad sacrum
Prostratus, deficit.

Novennis, Mariæ
Quærens auxilium,
Sub tutum provide,
Fugit præsidium ;
Atque Virgineo
Illi perpetuum
Se nectit vinculo.

Divinis dapibus
Puer jam inhiat ;
Jesum ardentibus
Jam votis advocat :
Terrestrem Angelum
Tandem exsatiat
Cœleste ferculum.

Inter exercitus,
Inter et aulicos,
Mores innoxius
Conservat integros :
Piâ sævitiâ
Effugit scopulos,
Et prece fervidâ.

Sed tamen providus,
Beneque propriis
Diffidens viribus,
Se mundo juvenis
Subducere parat,
Vere magnanimis
Qui tanta deserat.

Ille qui patrio
Parebat docilis
Vel desiderio,
Deus, cùm loqueris,
Minis instantibus,
Ipsis et lacrymis,
Resistit ferreus.

His tamdem vinculis
Liber ut solvitur,
Ad sacram Numinis
Aulam proripitur :
Ceu tener flosculus,
Sole qui panditur,
Crescet felicius.

Quò ruis, Gonzaga?
Spernis contagium?
Non terrent funera?
Perge : curriculum
Amoris impleas :
Habet martyrium,
Ut fides, charitas.

Ascende ; verticem
Tolle nunc arduum :
Te vocat Virginem
Te chorus Virginum ;
Tenensque lilia,
Ovantem filium
Expectat Maria.

Clientes respice,
Patrone juvenum ;
Te vincant auspice
Furores hostium !
Tecum in gloriâ,
Dulce consortium,
Vivant per sæcula !

Amen.

Hymne.

Nobilis proles generosa gentis,
Impulit quò te pietatis ardor ?
En tuos linquis profugus, supremi
    Regis amore !

Nil domûs splendor, nec opes avitæ,
Blanda nec flexit juvenem voluptas :
Quos tibi monstrat pietas, supernos.
    Quæris honores.

Liber ut curis strepituque rerum,
Vix domum sanctam, novus hospes, intras,
Cùm palam virtus metuens videri,
    Nota refulget.

Sæpe divinis cohibere mentem.
Jussus, arcebas solitos amores ;
Urget obstantem Deus, et reluctans
    Cedis amori.

Dùm furit Romæ truculenta pestis,
Flore sub primo juvenilis ævi,
Martyrum consors, pia charitatis,
  Victima langues.

Proximus letho : precor, o flagellis,
Inquis, hos artus aliquis cruentet :
Restet hoc unum, satis ut beata
  Morte resolvar !

De tuis, si te mala nostra tangunt,
Sedibus terras humiles tuere ;
Nec tuam, quæ te studet æmulari,
  Despice gentem.

Summa laus Patri, Genitoque summa,
Et tibi compar, utriusque nexus,
Sæculi per quem fugitiva sanctis
  Viluit umbra. Amen.

Autre hymne pour la fin du jour.

Quando parem te, Gonzaga,
Effecit angelis Deus,
Nos per quietem protege,
Custos ut alter Angelus.

Cum nocte subrepit sopor,
Tum cor Deum recogitet :
Cum mane prompti surgimus,
Statim feratur ad Deum.

Et casta mens, Deo flagrans,
Sanctos amores somniet;
Et corpus ipsum fervido
Christi quiescat in sinu.

Tunc, si volente Numine,
Somnum soror mors excipit,

Non imparatos occupet;
Sed dulce sit nobis mori.

Sic ipse lecto, Gonzaga,
Quasi sepulchro conditus,
Cordi decussabas manus,
Parata letho victima.

Sit laus Patri, laus Filio,
Sit et tibi laus, Spiritus,
Cujus flagrabat ignibus
Noctù diùque Gonzaga.

      Amen.

SECONDE PARTIE

CANTIQUES.

Invocation au Saint-Esprit.

Air : N° 32.

O Saint-Esprit ! donnez-nous vos lumières ;
Venez en nous, pour nous embraser tous,
Pour nous régler et former nos prières :
Nous ne pouvons faire aucun bien sans vous.

Priez pour nous, Sainte Vierge Marie,
Obtenez-nous grâce auprès du Sauveur,
Pour écouter ses paroles de vie
Et les garder comme vous dans nos cœurs.

Même sujet.

Air : N° 18.

Refrain.

Esprit Saint, Dieu de lumière,
O vous que nous invoquons !
Venez des cieux sur la terre, } *bis.*
Comblez-nous de tous vos dons.

Accordez-nous cette sagesse
Qui ne cherche que le Seigneur ;

Que notre étude soit sans cesse
De lui soumettre notre cœur.

Donnez-nous cette intelligence,
Ce don qui fait connaître au cœur
De la foi toute l'excellence
Et du crime toute l'horreur.

Inspirez-nous de Dieu la crainte
De ses terribles jugements :
Que sa justice, sa loi sainte,
Pénètre et nos cœurs et nos sens.

Jésus-Christ.
ÉCHO DES MONTAGNES DE BETHLÉEM.
Air : N° 25.

Les Anges dans nos campagnes
Ont entonné l'hymne des cieux ;
Et l'écho de nos montagnes
Redit ce chant mélodieux :
Gloria in excelsis Deo.   (*bis.*)

Cherchons tous l'heureux village
Qui l'a vu naître sous ses toits ;
Offrons-lui le tendre hommage
Et de nos cœurs et de nos voix.
Gloria, etc.   (*bis.*)

Dans l'humilité profonde
Où vous paraissez à nos yeux,
Pour vous louer, Roi du monde,
Nous redirons ce chant joyeux :
Gloria, etc.   (*bis.*)

Toujours charmés du mystère
Qu'opère aujourd'hui votre amour,
Notre bonheur sur la terre
Sera de chanter chaque jour :
Gloria, etc.   (*bis.*)

Air Ancien : N° 37.

Que j'aime ce divin Enfant ! (*bis*.)
Qu'en cet état il est charmant !
  Je l'aime, je l'aime :
  O l'adorable enfant !
    C'est l'amour même.

Il porte le nom de Jésus : (*bis*.)
Heureux seront tous ses élus.
  Je l'aime, je l'aime :
  C'est le Dieu des vertus,
    C'est l'amour même.

Au milieu d'un pauvre appareil, (*bis*.)
Il est plus beau que le soleil ;
  Je l'aime, je l'aime :
  C'est l'astre sans pareil,
    C'est l'amour même.

Quoique logé très-pauvrement, (*bis*.)
Il ne se plaint aucunement ;
  Je l'aime, je l'aime :
  Oh ! qu'il est patient !
    C'est l'amour même.

Quel exemple de pauvreté ! (*bis*).
De souffrance et d'humilité !
  Je l'aime, je l'aime :
  Quel excès de bonté !
    C'est l'amour même.

Oui, c'est le Fils du Tout-Puissant (*bis*.)
Qui vient me sauver en naissant ;
  Je l'aime, je l'aime :
  Oh ! le Dieu bienfaisant !
    C'est l'amour même.

Sur la terre il descend pour moi : (*bis.*)
C'est mon Dieu, mon maître et mon roi.
   Je l'aime, je l'aime :
    C'est l'objet de ma foi,
    C'est l'amour même.

C'est mon frère et mon Rédempteur, (*bis.*)
C'est l'espoir du pauvre pécheur ;
   Je l'aime, je l'aime :
    C'est l'ami de mon cœur,
    C'est l'amour même.

Je suis charmé de sa candeur,   (*bis.*)
Je suis ravi de sa douceur ;
   Je l'aime, je l'aime :
    Je lui donne mon cœur,
    C'est l'amour même.

Anges qui lui faites la cour,   (*bis.*)
Embrasez-moi de votre amour ;
   Je l'aime, je l'aime :
    Je chante nuit et jour :
    C'est l'amour même.

Voici le saint enfant Jésus !   (*bis.*)
Monde, je ne te connais plus ;
   Je l'aime, je l'aime :
    C'est le Roi des élus,
    C'est l'amour même.

Saint Nom de Jésus.

Air : N° 48.

Vive Jésus ! C'est le cri de mon âme ;
Vive Jésus, le maître des vertus !
Aimable nom, quand ma voix te proclame,
D'un nouveau feu pour toi mon cœur s'enflamme.
    Vive Jésus !   (*bis.*)

Vive Jésus ! C'est un cri d'espérance
Pour les pécheurs repentants et confus ;
Sur eux du ciel attirant la clémence,
Ce nom sacré soutient leur pénitence.
      Vive Jésus !   (*bis.*)

Vive Jésus ! A ce cri de vaillance,
Je verrai fuir les démons éperdus.
Un mot suffit pour dompter leur puissance,
Pour terrasser leur superbe insolence :
      Vive Jésus !   (*bis.*)

Vive Jésus ! Cri de reconnaissance
D'un cœur touché des biens qu'il a reçus.
L'enfer veut-il troubler sa confiance ?
Il dit encore avec plus d'assurance :
      Vive Jésus !   (*bis*).

Vive Jésus ! C'est le cri de victoire
Qui retentit au séjour des élus.
De leurs combats consacrant la mémoire,
Ce nom puissant éternise leur gloire.
      Vive Jésus !   (*bis.*)

Vive Jésus ! Vive sa tendre Mère !
Elle est aussi la mère des élus.
Si nous avons le désir de lui plaire,
Chantons Jésus, notre Dieu, notre frère.
      Vive Jésus !   (*bis*).

La sainte Enfance.

Air : *N°* 30.

O divine enfance
De mon doux Sauveur !
Aimable innocence,
Tu ravis mon cœur

Que dans sa faiblesse
Il paraît puissant !
Ah ! plus il s'abaisse
Et plus il est grand. } *bis.*

Eloquent silence,
Comme tu m'instruis !
Sainte obéissance,
Je t'aime et te suis ;
Rebelle nature,
En vain tu gémis ;
A sa créature
Vois ton Dieu soumis. } *bis.*

Je deviens docile
Près de mon Jésus,
Et son Evangile
Ne m'étonne plus.
Approche et contemple,
Superbe raison,
Et par son exemple
Goûte la leçon. } *bis.*

Près de moi qu'ils viennent,
Les enfants pieux :
Les cieux appartiennent
Aux enfants heureux,
Qui, sans artifice,
Sans fiel, sans aigreur,
Et purs de tout vice,
Plaisent au Seigneur. } *bis.*

Sagesse mondaine,
Connais ton erreur ;
Mets ta fierté vaine
Aux pieds du Sauveur.
Quand il veut lui-même

Devenir enfant,
Quel orgueil extrême
De s'estimer grand. } *bis.*

Charmes de l'enfance,
Ingénuité,
Candeur, innocence,
Et simplicité,
O vertus si chères
Au divin Sauveur,
Vertus salutaires,
Régnez dans mon cœur. } *bis.*

Le Chemin de la Croix.

Air ancien : *N°* 45.

Refrain.

Suivons, chrétiens, sur le Calvaire,
Jésus courbé sous un infâme bois :
Instruits par ce sanglant mystère,
Après lui portons notre croix.

1re St.   Par la voix d'un juge coupable,
C'est moi, Seigneur, qui vous livre au trépas :
Qu'une justice inexorable
A mon tour ne m'accable pas.

2e St.   Seigneur, malgré votre innocence,
Vous vous chargez d'une pesante croix ;
Moi seul, digne objet de vengeance,
Je devrais en porter le poids.

3e St.   O Dieu de force et de puissance,
Sous ce fardeau, quoi ! je vous vois tomber !
Hélas ! mon fils, c'est ton offense
Dont le poids me fait succomber.

4ᵉ *St.*   Quand par amour, ô tendre Mère,
Votre Isaac s'offre au courroux du ciel,
Pour moi, victime volontaire,
Vous allez le suivre à l'autel.

5ᵉ *St.*   Que votre sort est désirable !
Vous l'ignorez, heureux Cyrénéen.
Puissé-je aussi, Croix adorable,
Vous porter, mais en vrai chrétien !

6ᵉ *St.*   O voile heureux ! précieux gage !
Où sont gravés les traits de mon Sauveur !
Jésus, puisse ainsi votre image
S'imprimer au fond de mon cœur !

7ᵉ *St.*   Sous sa croix Jésus tombe encore ;
Cruels bourreaux, pourquoi l'outragez-vous ?
Mon fils, l'orgueil qui te dévore
M'humilie ainsi sous leurs coups.

8ᵉ *St.*   Ne pleurez pas sur mes souffrances,
Pleurez sur vous, sur vous seuls, ô pécheurs,
Et pour effacer tant d'offenses,
A mon sang unissez vos pleurs.

9ᵉ *St.*   Tes rechutes, enfant rebelle,
Me font tomber une troisième fois.
Seigneur, aidez un infidèle
A garder constamment vos lois.

10ᵉ *St.*   Sur Jésus déployez vos ailes,
Anges du ciel, voilez son corps sacré.
Hélas ! de blessures nouvelles
Je le vois encore déchiré.

11ᵉ *St.*   Que faites-vous, peuple barbare ?
Vous allez donc consommer vos forfaits !
Ce bois est le lit qu'on prépare
A Jésus pour tant de bienfaits !

12ᵉ *St.*   Sur la croix mon Sauveur expire ;
A cet aspect le jour pâlit d'horreur ;
Et moi, l'auteur de son martyre,
Je verrais sa mort sans douleur !

13ᵉ *St.*   Dans quel état, tendre Marie,
Nous remettons votre fils en vos bras !
Daignez de notre perfidie
Oublier les noirs attentats.

14ᵉ *St.*   Pour prendre une nouvelle vie,
Avec Jésus je veux m'ensevelir :
Près de vous, ô tombe chérie,
On apprend à vivre, à mourir.

Le Combat spirituel.

AIR : *nᵒ* 53.

Refrain

Armons-nous ! la voix du Seigneur,
Chrétiens, au combat nous appelle :
Ah ! voyez, voyez qu'elle est belle,
La palme promise au vainqueur !
Elle est si noble, elle est si belle,   } *bis.*
La palme promise au vainqueur !

Tout le cours de notre existence
N'est qu'un long et rude combat ;
L'âme ferme, que rien n'abat,
Seule obtiendra la récompense.
    Armons-nous, etc.

Des sens la voix enchanteresse
Veut égarer notre raison ;
Leurs délices sont un poison
Et la mort suit de près l'ivresse.
    Armons-nous, etc.

Chrétien, pour te rendre infidèle,
Le monde t'offre ses honneurs ;
Sacrifions ces biens trompeurs
A ceux de la vie éternelle.
  Armons-nous, etc.

Du démon la voix menaçante
Rugit sans cesse autour de nous ;
L'homme de foi craint peu ses coups
Et rit de sa rage impuissante.
  Armons-nous, etc.

De Jésus, soldat intrépide,
Prenez la croix pour bouclier :
Quel danger peut vous effrayer
Sous une si puissante égide ?
  Armons-nous, etc.

Courage sous l'œil de Marie,
Courage jusques à la mort !
Courage ! vous touchez au port ;
Bientôt vous verrez la patrie.
  Armons-nous, etc.

Fins dernières.

LE CHRÉTIEN EST UN SOLDAT.

Air : N° 34.

Pauvre étranger sur la terre,
Le chrétien est un soldat, (*bis*.)
Dont la tente passagère
Se lève au jour du combat.

Refrain : Souviens-toi que la patrie
   Est au ciel, terre chérie ;
   Chrétien, pour la conquérir,
   Il faut vaincre et puis mourir.

Souviens-toi que la patrie
Est au ciel, terre chérie ;
Chrétien, pour [la conquérir]   (*bis*.)
Il faut vaincre (*bis*) et puis mourir.

Contre lui si l'enfer gronde,
Dieu soutient son bras vainqueur ;   (*bis*.)
Il verrait crouler le monde,
Sans connaître la frayeur.
 Souviens-toi, etc.

La gloire qui te couronne,
Conquérant ambitieux,   (*bis*.)
Ne vaut pas celle que donne
Notre Père dans les cieux.
 Souviens-toi, etc.

Si la route du Calvaire
N'est pas couverte de fleurs,   (*bis*.)
Elle conduit de la terre
Aux éternelles splendeurs.
 Souviens-toi, etc.

Le Ciel pour récompense.

Air : *N*° 24.

Le ciel en est le prix !
Que ces mots sont sublimes !
Des plus belles maximes
Voilà tout le précis.
Refrain : Le ciel (*ter*) en est le prix (*bis*.)

Le ciel en est le prix !
Mon âme, prends courage ;
Ah ! si dans l'esclavage
Ici-bas tu gémis.
 Le ciel, etc.

Le ciel en est le prix !
Amusement frivole,
De grand cœur je t'immole
Au pied du crucifix.
   Le ciel, etc.

Le ciel en est le prix !
La loi demande-t-elle,
Fût-ce une bagatelle,
N'importe, j'obéis.
   Le ciel, etc.

Le ciel en est le prix !
Endurons cette injure ;
L'amour-propre en murmure ;
Mais tout bas je lui dis :
   Le ciel, etc.

Le ciel en est le prix !
Dans l'éternel empire,
Qu'il sera doux de dire :
Tous mes maux sont finis !
   Le ciel, etc.

Fin de la journée,

SYMBOLE DE LA FIN DE LA VIE.

Air : *N° 26.*

Refrain.

Le soleil vient de finir sa carrière,
Comme un instant ce jour s'est écoulé.
Jour après jour, ainsi la vie entière
S'écoule et passe avec rapidité.

A chaque instant l'éternité s'avance :
Travaillons-nous à nous y préparer ?

De nos péchés faisons-nous pénitence?
De la vertu suivons-nous le sentier?
 Le soleil vient, etc.

Si cette nuit le souverain arbitre
Nous appelait devant son tribunal,
A sa clémence avons-nous quelque titre?
Que lui répondre à cet instant fatal?
 Le soleil vient, etc.

Le cœur touché d'un repentir sincère,
Pleurons, pleurons les fautes de ce jour;
D'un Dieu vengeur désarmons la colère :
Un cœur contrit regagne son amour.
 Le soleil vient, etc.

Retraite. — Pénitence.

DOUCEURS ET AVANTAGES DE LA RETRAITE.

Air : *De ce profond, etc.* N° 49.

Voici les jours de la miséricorde
Depuis longtemps désirés de mon cœur;
Jours que le ciel dans sa bonté m'accorde,
Jours de salut, de paix et de bonheur.

Jours de bonheur pour une âme innocente :
Elle y reçoit les célestes faveurs;
Jours de bonheur pour l'âme pénitente,
Car il est doux de pleurer ses erreurs.

Ouvre-moi donc ton enceinte tranquille,
Douce retraite, asile de la paix :
Là le Seigneur se montre plus facile,
C'est là qu'il aime à verser ses bienfaits.

Lui-même a dit : Au sein de la retraite
Je conduirai l'insensible pécheur;

Par les plaisirs son âme est trop distraite ;
Là je pourrai lui parler cœur à cœur.

Voici, Seigneur, cet être si volage,
Que votre amour poursuivit si longtemps ;
Dans la retraite achevez votre ouvrage,
Fixez enfin ses désirs inconstants.

A votre grâce, ô mon aimable Père,
Jusqu'à ce jour si j'ai pu résister,
Cette retraite est la grâce dernière :
Ah ! c'en est fait, je veux en profiter.

Et vous, plaisirs, chimères séduisantes,
En ce moment recevez mes adieux ;
Retirez-vous : à vos fêtes bruyantes
J'ai préféré le calme de ces lieux.

Dans le secret de cette solitude
Je veux enfin me donner au Seigneur ;
Il oubliera ma longue ingratitude,
Et son amour comblera mon bonheur.

Folie et ingratitude du Pécheur.

Air : *N° 35.*

Pécheur aveugle et téméraire,
Connais-tu le mal que tu fais,
En offensant ton Dieu, ton père,
Par l'audace de tes excès ?
C'est le Très-Haut que déshonore
Ta coupable témérité ;
Du Maître que le ciel adore
Tu méprises la majesté.

Ingrat, ton Dieu t'a donné l'être ;
Tu fus l'objet de ses faveurs ;
Pour toi son Fils a voulu naître,

Souffrir, mourir dans les douleurs.
Il sembla faire son étude
D'ajouter bienfaits sur bienfaits,
Et ton horrible ingratitude
N'y répond que par des forfaits !

Déjà dépouillé de la grâce,
Tel qu'un cadavre révolté,
Tu n'as plus droit d'obtenir place
Au sein de la félicité.
L'enfer t'attend dans ses abîmes
Préparés à l'iniquité :
Ses feux doivent punir tes crimes
Durant toute l'éternité.

Que Dieu commande, et dans les flammes
Par la mort tu seras jeté ;
Tu paieras tes péchés infâmes
D'un supplice trop mérité.
Ah ! puisqu'il en est temps encore,
Viens fléchir ton juge irrité :
Soupire, gémis et déplore
Ta coupable infidélité.

O Maître ! ô Juge redoutable !
Je tremble et frémis devant vous.
O Dieu Sauveur, ô Père aimable !
Je me prosterne à vos genoux.
Ingrat, hélas ! inexorable,
J'ai provoqué votre courroux :
Que deviendrai-je, misérable,
Si vous ne suspendez vos coups !

Le Pécheur implore la miséricorde divine.

Air : *N° 19.*

Grand Dieu, mon cœur touché
D'avoir péché,
Demande grâce.
Couronne tes bienfaits,
Pardonne mes forfaits :
Je ne veux plus, Seigneur, encourir ta disgrâce.

Refrain : Pardon ! mon Dieu, pardon ! } *bis.*
N'es-tu pas un Dieu bon ?

Hélas ! le triste cours
Des plus beaux jours
De ma jeunesse,
N'est qu'un tissu d'erreurs,
De crimes, de malheurs.
Ah ! bien loin de t'aimer, je t'outrageai sans cesse.
Pardon, etc.

Sous mes pieds les enfers
Sont entr'ouverts
Par ta vengeance :
En un instant la mort
Pourrait fixer mon sort.
J'implore ta pitié, j'invoque ta clémence.
Pardon, etc.

Ah ! puisse désormais,
Et pour jamais,
Mon cœur fidèle,
N'aimer que le Seigneur,
L'aimer avec ardeur !
Puisse-t-il mériter la couronne immortelle !
Pardon, etc.

Même sujet. — Air : N° 4.

A tes pieds, Dieu que j'adore,
Ramené par mes malheurs,
Tu vois mon cœur qui déplore
Ses écarts et ses erreurs.
  Seigneur ! Seigneur !   (bis.)
Ah ! reçois, reçois encore
Mes soupirs et ma douleur.   (bis.)

Si mon crime, qui te blesse,
A provoqué ton courroux,
Ton indulgence te presse
De me sauver de tes coups.
  Seigneur ! Seigneur !   (bis.)
J'attends tout de ta tendresse ;
Désarme ton bras vengeur.   (bis.)

Israel, jadis coupable,
Pleure ses égarements :
Bientôt ta main secourable
Fait cesser les châtiments.
  Seigneur ! Seigneur !   (bis.)
Jette un regard favorable
Sur ce malheureux pécheur.   (bis.)

Je ne puis rien sans ta grâce,
Ah ! daigne me secourir ;
Seul j'ai causé ma disgrâce,
Seul je ne puis te fléchir.
  Seigneur ! Seigneur !   (bis.)
L'espoir enfin a fait place
A ma trop juste frayeur.   (bis.)

Mes regrets sont ton ouvrage,
Mes soupirs sont mon bonheur :
Qu'ils te vengent de l'outrage

Dont fut coupable mon cœur.
  Seigneur ! Seigneur !   (*bis.*)
Ce cœur si longtemps volage
Est changé par la douleur.   (*bis.*)

Sentiments de Contrition.

Air : *N*° 29.

Mon doux Jésus, enfin voici le temps
De pardonner à nos cœurs pénitents :
 Nous n'offenserons jamais plus
  Votre bonté suprême,   *bis.*
   O doux Jésus !   *bis.*

Puisqu'un pécheur vous a coûté si cher,
Faites-lui grâce : il ne veut plus pécher.
 Ah ! ne perdez pas cette fois
  La conquête admirable   *bis*
   De votre croix.   *bis.*

Enfin, mon Dieu, nous sommes à genoux,
Pour vous prier de pardonner à tous :
 Pardonnez-nous, ô Dieu clément !   *bis.*
  Lavez-nous de nos crimes
   Dans votre sang.   *bis.*

Exhortation à une Confession sincère.

Air : *Suivons les Rois*, *N*° 17.

Enfant pécheur, va répandre
Le secret de tes douleurs
Dans le sein d'un ami tendre
Et sensible à tes malheurs.
Repousse la vaine atteinte

Des mensongères terreurs,
Et confesse-lui sans crainte
Tes remords et tes erreurs.

Mais quoi ! ta bouche timide
Sent sa parole expirer ;
Une épouvante perfide
De toi vient de s'emparer.
Pauvre enfant ! que vas-tu faire ?
Et quel funeste projet ?
Tu veux cacher à ton père
Un déplorable secret !

Quoi ! tu veux rendre inutiles
Tant d'aveux et tant d'efforts !
Pour des craintes puériles
Tu veux aggraver tes torts !
D'un démon muet la victime,
Par un silence maudit,
Tu commets un nouveau crime,
Et tu mens au Saint-Esprit !

Quand la grâce t'est offerte,
Quand Dieu veut te pardonner,
Pourquoi courir à ta perte,
Et te faire condamner ?
Un remède salutaire
Assure ta guérison ;
Et ta honte meurtrière
Va le tourner en poison !

Ah ! si tu pouvais connaître
L'amour que pour le pécheur
A mis au cœur de son prêtre
Jésus le divin Pasteur !
Entends sa voix paternelle,
Que déjà tu connais bien :
Avec douceur il t'appelle ;
Dis-lui tout et ne crains rien.

Eucharistie.

LOUANGE A JÉSUS PRÉSENT DANS LA SAINTE EUCHARISTIE.

Air *ancien* : N° 31.

Refrain : O Roi des cieux !
Vous nous rendez tous heureux ;
Vous comblez tous nos vœux,
En résidant pour nous dans ces lieux.

Prodige d'amour,
Dans ce séjour
Vous vous immolez pour nous chaque jour.
A l'homme mortel
Vous offrez un aliment éternel !
O Roi, etc.

Seigneur, vos enfants
Reconnaissants
Vous offrent leurs plus tendres sentiments ;
Leurs cœurs sans retour
Veulent brûler du feu de votre amour.
O Roi, etc.

Chantons tous en chœur :
Louanges, honneur
A Jésus notre aimable Rédempteur !
Chantons à jamais
De son amour les éternels bienfaits.
O Roi, etc.

Transports d'un enfant en présence du Très-Saint-Sacrement.

Air : N° 52.

Vous que nos vœux appellent dès l'aurore,
O Dieu d'amour, vous ravissez nos cœurs.

Refrain :

Quels plaisirs purs! quelles chastes douceurs!
Oui, je le sens : c'est le Dieu que j'adore.
Eh! d'où me vient un si sublime honneur?
O Séraphins, enviez mon bonheur!

Tendre Jésus, votre amour me dévore;
Vous m'embrasez des plus vives ardeurs.
    Quels plaisirs, etc,

O douce paix que le pécheur ignore,
Enivrez-moi, faites couler mes pleurs.
    Quels plaisirs, etc.

Ah! c'en est fait, ô mon Dieu, je déplore
D'un cœur ingrat les coupables erreurs.
    Quels plaisirs, etc.

Monde insensé, je te fuis, je t'abhorre;
Loin, loin de moi tous tes charmes trompeurs!...
    Quels plaisirs, etc.

Après la Communion.

Air : *N° 55.*

Refrain.

Le ciel a visité la terre,
Mon bien-aimé repose en moi;
Du saint amour c'est le mystère :
Oh! mon âme, adore et tais-toi!   *(bis.)*

Amour que je ne puis comprendre :
Jésus habite dans mon cœur!
Jusques là vous pouvez descendre,
Humilité de mon Sauveur!
    Le ciel, etc.

Vous savez bien que je vous aime,
Moi qui par vous fus tant aimé !
Que tout autre amour que vous-même
Par votre feu soit consumé !
    Le ciel, etc.

Je suis pécheur et misérable,
Et je n'ai rien à vous offrir ;
Mais je puis, ô Dieu tout aimable,
Vous rendre grâce et vous bénir !
    Le ciel, etc.

A votre chair mon âme unie,
De vos élus ressent la paix :
Divin Jésus, sainte harmonie,
Vivez dans mon cœur à jamais !
    Le ciel, etc.

Le saint Sacrifice de la Messe.

Air : *Suivons les Rois,* N° 38, ou : *Au sang qu'un Dieu.*

Quelle étonnante merveille
Ici vient frapper mes yeux !
Que l'univers se réveille ;
Dieu va descendre des cieux.
Oui, le maître de la terre
Va visiter les mortels ;
Lui qui lance le tonnerre
S'abaisse sur nos autels.

A la parole du prêtre
Le Tout-Puissant obéit ;
Il daigne aussitôt paraître ;
Dieu même s'anéantit.
Le sacrifice commence....
O mortels ! offrez des vœux ;

O mortels ! faites silence :
La terre s'unit aux cieux.

Sur l'autel, nouveau Calvaire,
Jésus, pontife immortel,
Arrête par sa prière
Les foudres de l'Eternel.
Et pour effacer le crime
Dont notre cœur est souillé,
Lui-même il se fait victime,
Et lui-même est immolé.

Pardonnez-leur, ô mon Père !
Dit encor Jésus mourant ;
Pardonnez : c'est la prière
De votre Fils expirant.
Et Jésus réconcilie
Avec Dieu l'ingrat pécheur...
Oui, je retrouve la vie
Dans le sang de mon Sauveur.

O sacrifice adorable !
O sang de mon Rédempteur !
Sauvez, sauvez un coupable,
Et rendez-lui le bonheur.
Ah ! puisque Jésus expire
Pour mon salut chaque jour,
Que pour lui seul je soupire !
A lui seul tout mon amour.

Pour la bénédiction du Très-St.-Sacrement.

Air : *N° 10.*

Dans ce profond mystère
Où la foi sait te voir,
Tout en nous te revère
Et fixe notre espoir.

Refrain.

Dans la cité chérie,
Divine Eucharistie,
Au sein de l'éternel amour,
Sans voile, ô pain de vie, (*bis.*)
Nous te verrons un jour. (*bis.*)

Puisse notre tendresse
Obtenir de ton cœur
La sublime sagesse
Qui mène au vrai bonheur !
    Dans la cité chérie, etc.

Que tout en nous s'unisse,
Pour chanter tes bienfaits !
Que ta bonté bénisse
Nos vœux et nos souhaits !
    Dans la cité chérie, etc.

Sur nous daigne répandre
Tes bénédictions,
Et fais-nous bien comprendre
La grandeur de tes dons.
    Dans la cité chérie, etc.

Divers sentiments de piété.

ACTES DU CHRÉTIEN AU COMMENCEMENT DU JOUR.

Air : *Dans nos concerts.* N° 12.

Dieu de mon cœur,
Dont tout annonce la puissance,
Dieu de mon cœur,
A vous seul la gloire et l'honneur.
Pénétré de reconnaissance,
J'adore votre providence,
    Dieu de mon cœur. (*bis.*)

Pour vos bienfaits,
O mon Dieu, que puis-je vous rendre ?
Pour vos bienfaits,
Je veux vous aimer à jamais.
De moi, Père infiniment tendre,
Que n'avez-vous pas droit d'attendre
Pour vos bienfaits ? (*bis*.)

O Dieu d'amour !
Quelle douceur de vous connaître,
O Dieu d'amour !
Je me donne à vous sans retour.
Vous êtes mon père et mon maître,
A vous seul toujours je veux être,
O Dieu d'amour ! (*bis*.)

Dieu de bonté,
Secourez-moi dans ma misère ;
Dieu de bonté,
J'implore votre charité.
Traitez-moi toujours en bon père,
Exaucez mes vœux, ma prière,
Dieu de bonté. (*bis*.)

O Dieu Sauveur !
Bénissez-moi, je vous supplie ;
O Dieu Sauveur,
Daignez accorder à mon cœur
De vous aimer dans cette vie,
Et de vous voir dans la patrie
O Dieu Sauveur ! (*bis*).

Cantiques du Matin.

Traduction des Hymnes du Bréviaire Romain.

1ᵉʳ RYTHME. *Air : N° 5.*

(*Somno refectis artubus....*)

Tandis que le sommeil, réparant la nature,
    Tient enchaînés le travail et le bruit,
Nous rompons ses liens, ô clarté toujours pure !
    Pour te louer dans la profonde nuit.   (*bis.*)

Que dès notre réveil notre voix te bénisse :
    Qu'à te chercher notre cœur empressé,
T'offre ses premiers vœux ; et que par toi finisse
    Le jour par toi saintement commencé.   (*bis.*)

Nous t'implorons, Seigneur; tes bontés sont nos [armes ;
    De tout péché rends-nous purs à tes yeux;
Fais que, t'ayant chanté dans ce séjour de larmes,
    Nous te chantions dans le repos des cieux.(*bis.*)

Exauce, Père saint, notre ardente prière,
    Verbe son Fils, Esprit leur nœud divin,
Dieu qui tout éclatant de ta propre lumière,
    Règnes au ciel sans principe et sans fin. (*bis.*)

Consors paterni luminis.

Air : *N° 5.*

Verbe égal au Très-Haut, notre unique espérance,
    Jour éternel de la terre et des cieux,
De la paisible nuit nous rompons le silence :
    Divin Sauveur, jette sur nous les yeux.   (*bis.*)

Répands sur nous le feu de ta grâce puissante ;
    Que tout l'enfer fuie au son de ta voix;

Dissipe ce sommeil d'une âme languissante,
   Qui la conduit dans l'oubli de tes lois.   (*bis*).
O Christ, sois favorable à ce peuple fidèle,
   Pour te bénir maintenant rassemblé;
Reçois les chants qu'il offre à ta gloire immortelle,
   Et de tes dons qu'il retourne comblé.   (*bis*.)

Exauce, Père saint, etc.

Rerum Creator optime.
Air : N° 5.

Grand Dieu par qui de rien toute chose est formée,
   Jette les yeux sur nos besoins divers ;
Romps ce fatal sommeil par qui l'âme charmée
   Dort en repos sur le bord des enfers.   (*bis*.)
Daigne, ô divin Sauveur que notre voix implore,
   Prendre pitié des fragiles mortels ;
Et vois comme du lit, sans attendre l'aurore,
   Le repentir nous traîne à tes autels.   (*bis*.)
C'est là que notre troupe affligée, inquiète,
   Levant au ciel et le cœur et les mains,
Imite le grand Paul, et suit ce qu'un prophète
   Nous a prescrit dans ses cantiques saints. (*bis*.)
Nous montrons à tes yeux nos maux et nos alarmes ;
   Nous confessons tous nos crimes secrets ;
Nous t'offrons tous nos vœux : nous y mêlons nos lar-
   Que ta bonté révoque ses arrêts. (*bis*.)   [mes :

Exauce, Père saint, etc.

Nox atra... Tu, Trinitatis.
Air : N° 5.

Auteur de toute chose, essence en trois unique,
   Dieu tout-puissant qui régis l'univers,

Dans la profonde nuit nous t'offrons ce cantique :
 Ecoute-nous, et vois nos maux divers. (bis.)

Effrayés des péchés dont le poids les accable,
 Tes serviteurs voudraient se relever ;
Ils implorent, Seigneur, ta bonté secourable,
 Et dans ton sang cherchent à se laver. (bis.)

Qu'ainsi prompt à guérir nos mortelles blessures,
 Ton feu divin dans nos cœurs répandu
Consume pour jamais leurs passions impures,
 Pour n'y laisser que l'amour qui t'est dû. (bis.)

Qu'enfin, divin Sauveur, tes lumières célestes
 Dans tes sentiers affermissent nos pas,
Nous détournent toujours de ces piéges funestes
 Que le démon couvre de mille appas. (bis.)

Exauce, Père saint, etc.

Autre Rythme, N° 27.

Splendor paternæ....

Source ineffable de lumière,
Verbe en qui l'Eternel contemple sa beauté,
Astre dont le soleil n'est que l'ombre grossière,
Jour sacré dont le jour emprunte sa clarté ! (bis.)

 Lève-toi, soleil adorable,
Qui de l'éternité ne fais qu'un heureux jour :
Fais briller à nos yeux ta clarté secourable,
Et répands dans nos cœurs le feu de ton amour. (bis.)

 Guide notre âme dans ta route ;
Rends notre corps docile à ta divine loi ;
Remplis-nous d'un espoir que n'ébranle aucun
 [doute,
Et que jamais l'erreur n'ébranle notre foi. (bis.)

Sois, ô Christ, notre pain céleste ;
Que l'eau d'une foi vive abreuve notre cœur ;
Ivres de ton esprit, sobres pour tout le reste,
Daigne à tes combattants inspirer ta vigueur. (*bis.*)

Que la pudeur chaste et vermeille
Imite sur leur front la rougeur du matin ;
Aux clartés du midi que leur foi soit pareille ;
Que leur persévérance ignore le déclin. (*bis.*)

Gloire à toi, Trinité profonde,
Père, Fils, Esprit-Saint ! qu'on t'adore toujours,
Tant que l'astre des temps éclairera le monde,
Et quand les siècles même auront fini leur
[cours. (*bis.*)

Ales diei nuntius.

Air : N° 27.

L'oiseau vigilant nous réveille,
Et ses chants redoublés semblent chasser la nuit :
Jésus se fait entendre à l'âme qui sommeille,
Et l'appelle à la vie où son jour nous conduit. (*bis.*)

Quittez, dit-il, la couche oisive
Où vous ensevelit une molle langueur :
Sobres, chastes et purs, l'œil et l'âme attentive,
Veillez : Je suis tout proche, et frappe à votre
cœur. (*bis.*)

Ouvrons donc l'œil à sa lumière,
Levons vers ce Sauveur et nos mains et nos yeux ;
Pleurons et gémissons : une ardente prière
Ecarte le sommeil et pénètre les cieux. (*bis.*)

O Christ ! ô Soleil de justice !
De nos cœurs endurcis romps l'assoupissement ;
Dissipe l'ombre épaisse où les plonge le vice,
Et que ton divin jour y brille à tout moment. (*bis.*)

Gloire à toi, Trinité profonde, etc.

Lux ecce surgit aurea.

Air : N° 27.

Les portes du jour sont ouvertes,
Le soleil teint le ciel de rayons éclatants :
Loin de nous cette nuit dont nos âmes couvertes
Dans le chemin du crime ont erré si longtemps ! *(bis.)*

Imitons la lumière pure
De l'astre étincelant qui commence son cours,
Ennemi du mensonge et de la fraude obscure ;
Et que la vérité brille en tous nos discours. *(bis.)*

Que ce jour se passe sans crime ;
Que nos langues, nos mains, nos yeux soient inno-
[cents ;
Que tout soit chaste en nous ; et qu'un frein légitime
Aux lois de la raison asservisse les sens. *(bis.)*

Du haut de la sainte demeure
Un Dieu toujours veillant nous regarde marcher ;
Il nous voit, nous entend, nous observe à toute heure ;
Et la plus sombre nuit ne saurait nous cacher. *(bis.)*

Gloire à toi, Trinité profonde, etc.

Nox et tenebræ... Æternum cœli... Summæ Deus.

Air : N° 27.

O Christ, notre unique lumière !
Fais briller dans nos cœurs tes célestes clartés ;
Doux espoir des mortels, entends notre prière,
Et sous ton divin joug range nos volontés. *(bis.)*

Sois notre inséparable guide ;
Du siècle ténébreux perce l'obscure nuit ;

Défends-nous en tout temps contre l'attrait perfide
De ces plaisirs trompeurs dont la mort est le
fruit.   (*bis.*)

Brûle en nous de tes saintes flammes
Tout ce qui de nos sens excite les transports,
Afin que, toujours prêts, nous puissions dans nos âmes
Du démon de la chair vaincre tous les efforts.   (*bis.*)

Affermis l'âme qui chancèle ;
Fais qu'en levant au ciel nos innocentes mains,
Nous chantions dignement et ta gloire immortelle,
Et les biens dont ta grâce a comblé les humains. (*bis.*)

Que la foi dans nos cœurs gravée
D'un rocher immobile ait la stabilité ;
Que sur ce fondement l'espérance élevée
Porte pour comble heureux l'ardente charité.   (*bis.*)

Gloire à toi, Trinité profonde, etc.

Action de grâce.

Air *ancien* : N° 7.

Refrain.

Bénissons à jamais
Le Seigneur dans ses bienfaits.   } *bis.*

Bénissez-le, saints anges,
Louez sa majesté,
Rendez à sa bonté
Mille et mille louanges.
    Bénissons, etc.

Oh ! que c'est un bon père !
Qu'il a grand soin de nous !
Il nous supporte tous,

Malgré notre misère.
    Bénissons, etc.

Comme un pasteur fidèle,
Sans craindre le travail,
Il ramène au bercail
Une brebis rebelle.
    Bénissons, etc.

Il a guéri mon âme
Comme un bon médecin ;
Comme un maître divin,
Il m'éclaire, il m'enflamme.
    Bénissons, etc.

Sa bonté me transporte,
Sa lumière m'instruit,
Sa beauté me ravit,
Son amour me transporte.
    Bénissons, etc.

Oui, sa grandeur m'enchaîne,
Sa grâce me guérit,
Sa force m'affermit,
Sa charité m'entraîne.
    Bénissons, etc.

Dieu seul est ma tendresse,
Dieu seul est mon soutien,
Dieu seul est tout mon bien,
Ma vie et ma richessse.
    Bénissons, etc.

Motifs de l'aumône.

Air : *Chère jeunesse*, etc. N° 14.

Du malheureux adoucissons la peine :
Tout nous le dit, la nature et la foi ;

De notre Dieu la bonté souveraine
Pour tous en fit une formelle loi. (*bis*).

Nous sommes tous enfants du même père,
Nous nous devons un secours mutuel ;
Fermer son cœur aux peines de son frère,
C'est se fermer à soi-même le ciel. (*bis*).

Ah ! que l'aumône aisément obtient grâce !
Qu'elle est puissante auprès du cœur de Dieu !
Par sa vertu l'iniquité s'efface,
Comme par l'eau s'éteint l'ardeur du feu. (*bis*).

Cœurs bienfaisants, cœurs vraiment charitables,
Qui soulagez vos frères malheureux,
Du Tout-Puissant les regards favorables
Toujours sur vous veillent du haut des cieux. (*bis*).

Oui, c'est en vous que le céleste Père
Voit ses enfants, ses fidèles portraits ;
De sa tendresse image douce et chère,
Vous retracez ici-bas ses bienfaits. (*bis*).

L'orphelin trouve en vous un autre père,
Le pauvre y voit son soutien, son secours ;
L'infortuné, que poursuit la misère,
Par vous encor voit luire d'heureux jours. (*bis*)

Le Fils de Dieu, notre juge suprême,
Pour vous aux cieux prépare tous ses biens ;
Son cœur divin tient pour fait à lui-même
Tout ce qu'on fait au plus petit des siens. (*bis*).

Quand il viendra juger enfin la terre,
Il vous dira d'un ton plein de douceur :
Venez, ô vous, les bénis de mon Père,
Et pour jamais partagez mon bonheur. (*bis*).

A l'Immaculée Vierge Mère de Dieu.

Air : *N° 47.*

Refrain.

Vierge sans tache et sans souillure,
Nous avons tous recours à vous ;
Vierge sans tache et toujours pure,
Priez, priez, priez pour nous ;
Priez, priez pour nous,
    Priez pour nous (*bis*).

Comme l'ange des cieux, pur esprit, flamme ardente,
    Sortit des mains du Créateur ;
Telle, et plus pure encor, notre Reine puissante
    Parut, parut la Mère du Sauveur.

Comme l'astre du jour, même avant son aurore,
    Emplit les cieux de sa splendeur ;
Telle, avant sa naissance, et plus brillante encore,
    Parut, parut la Mère du Sauveur.

Comme l'astre des nuits, après un sombre orage,
    Console un pauvre voyageur ;
Ainsi, de nos péchés brisant l'épais nuage,
    Parut, parut la Mère du Sauveur.

Comme on voit s'élever au milieu des épines
    Un lis éclatant de blancheur ;
Ainsi du genre humain dominant les ruines,
    Parut, parut la Mère du Sauveur.

Comme on voit une rose, à peine épanouie,
    Répandre au loin sa douce odeur ;
Ainsi pure et suave, en entrant dans la vie,
    Parut, parut la Mère du Sauveur.

Vierge sainte, priez, priez pour ceux qui pleurent,
    Et consolez les malheureux ;
Vierge sainte, surtout priez pour ceux qui meurent :
    Ouvrez, ouvrez-leur la porte des Cieux.

L'Immaculée Conception.

Air : N° 20.

Refrain.

Honneur, louange, amour au lis de la vallée,
Qui brille dans le ciel, parfume l'univers ;
Amour, gloire à Marie : elle est immaculée !
Proclamons notre foi (*bis*) par les plus doux concerts !

Je voudrais parler d'elle avec des harmonies,
Une bouche d'archange, un cœur de séraphin ;
Je voudrais lui donner des gloires infinies,
L'amour de tous les cœurs, un amour tout divin.

La Mère de Jésus, même au seuil de la vie,
Le Pontife a parlé, nous entendons sa voix,
Du souffle de Satan ne fut jamais flétrie ;
Tous les siècles l'on dit ; disons aussi : Je crois.

Sainte Eglise, ô ma mère ! ô ma mère chérie !
Avec un doux transport j'obéis à tes lois ;
Pour ce dogme sacré je donnerais ma vie :
Oui, je voudrais mourir en répétant : Je crois.

Votre gloire, ô Marie, est aussi notre gloire ;
Nous sommes vos enfants : tous vos biens sont à nous ;
Mais sur nos ennemis donnez-nous la victoire,
Faites-nous triompher et régner avec vous.

Le saint Nom de Marie.

Air : *Suivons les Rois dans l'étable*, N° 28.

Marie !... ô nom que l'enfance
Invoque au jour du danger,
Sois notre cri de défense
Contre un monde mensonger !
Il nous parle de ses fêtes,
Pour enflammer nos désirs :
Mais il cache les tempêtes
Sous le voile du plaisir !

Marie!... ô nom d'espérance
Pour le cœur des malheureux,
Aux longs jours de la souffrance,
Fais-moi souvenir des cieux!
Dans cette vallée amère
Me faut-il rester encor ?
Ah! vers toi, ma douce Mère,
Quand prendrai-je mon essor !

Marie!... ô nom qui rappelle
Les charmes de la vertu,
Donne une force nouvelle
Au cœur longtemps abattu.
Sois à mon âme embrâsée
Ce qu'est à la fleur des champs
La fraîcheur de la rosée,
Ou le souffle du printemps !

Marie!... ô doux nom que j'aime
Plus que le parfum des fleurs,
Baume exhalé du ciel même
Pour adoucir nos douleurs,
Sois comme un pieux sourire
Sur mes lèvres nuit et jour,
Et que mon cœur ne respire
Que pour le divin amour!

Même sujet.

LE SAINT NOM DE MARIE.

Air : N° 9.

Refrain : C'est le nom de Marie
Qu'on célèbre en ce jour;
Ô famille chérie,
Chantez ce nom d'amour !

C'est le nom d'une mère :
Chantez, heureux enfants ;
Unissez pour lui plaire
Et vos cœurs et vos chants.

C'est un nom de puissance,
Un nom plein de douceur ;
Mais toujours sa clémence
Surpasse sa grandeur.

C'est un nom de victoire :
Il dompte les enfers ;
Il nous donne la gloire
De briser tous nos fers.

C'est un nom d'espérance
Au pécheur repentant,
Un gage d'innocence
Au cœur juste et fervent.

Il n'est rien de plus tendre,
Il n'est rien de plus fort :
Le ciel aime à l'entendre ;
Pour l'enfer c'est la mort.

Que le nom de ma mère,
Au dernier de mes jours,
Soit toute ma prière,
Qu'il soit tout mon secours.

L'Ave Maria.

Air : N° 15.

D'une Mère chérie
Célébrons les grandeurs :
Consacrons à Marie
Et nos voix et nos cœurs.

De concert avec l'Ange
Quand il la salua,

Disons à sa louange
Un *Ave Maria.*

Modeste créature,
Elle plut au Seigneur ;
Et, Vierge toujours pure,
Enfanta le Sauveur.
De concert, etc.

Nous étions la conquête
Du tyran des enfers ;
En écrasant sa tête,
Elle a brisé nos fers.
De concert, etc.

Que l'espoir se relève
En nos cœurs abattus :
Par cette nouvelle Eve
Les cieux nous sont rendus.
De concert, etc.

O Marie ! ô ma Mère !
Prenez soin de mon sort :
C'est en vous que j'espère,
En la vie, à la mort.
De concert, etc.

Obtenez-nous la grâce,
A notre dernier jour,
De voir Dieu face à face
Au céleste séjour.
De concert, etc.

Beauté, Grandeurs et Puissance de Marie.

AIR : N° 46.

Unis aux concerts de Anges,
Aimable Reine des cieux,
Nous célébrons tes louanges
Par nos chants mélodieux :

De Marie
Qu'on publie
Et la gloire et les grandeurs ;
Qu'on l'honore,
Qu'on l'implore,
Qu'elle règne sur nos cœurs.

Auprès d'elle la nature
Est sans grâce, sans beauté ;
Les cieux perdent leur parure ;
L'astre du jour, sa clarté.
De Marie, etc.

C'est le lis de la vallée
Dont le parfum précieux
Sur la terre désolée
Attira le Roi des cieux.
De Marie, etc.

C'est l'auguste Sanctuaire
Que le Dieu de majesté
Inonda de sa lumière,
Embellit de sa beauté.
De Marie, etc.

C'est la Vierge incomparable,
Gloire et salut d'Israel,
Qui, pour un monde coupable,
Fléchit le courroux du ciel.
De Marie, etc.

Pour tout dire, c'est Marie.
Dans ce nom que de douceur !
Nom d'une mère chérie,
Nom, doux espoir du pécheur.
De Marie, etc.

Ah ! vous seuls pouvez nous dire,
Mortels qui l'avez goûté,

Combien doux est son empire,
Combien grande est sa bonté.
  De Marie, etc.

Vous qui d'un monde perfide
Craignez les puissants appâts,
Si Marie est votre guide,
Non, vous ne périrez pas.
  De Marie, etc.

En vain l'enfer en furie
Frémirait autour de vous ;
Si vous invoquez Marie,
Vous braverez son courroux.
  De Marie, etc.

Oui, je veux, ô tendre Mère,
Jusqu'à mon dernier soupir,
T'aimer, te servir, te plaire,
Et pour toi vivre et mourir.
  De Marie, etc.

Amour à Marie.

AIR : N° 1.

Adressons notre hommage
A la Reine des cieux :
Elle aime de notre âge
La candeur et les vœux.

Refrain.

O Vierge sainte et pure,
Notre cœur en ce jour,
Vous promet et vous jure   } *bis.*
Un éternel amour.

Cet autel est le trône
D'où coulent ses faveurs;

Son divin Fils lui donne
Tous ses droits sur nos cœurs.

Marie est notre Mère,
Nous sommes ses enfants ;
Consacrons à lui plaire
Le printemps de nos ans.

Nous voulons avec zèle
Imiter vos vertus :
Vous êtes le modèle
Que nous donne Jésus.

Protégez-nous sans cesse
Dès nos plus jeunes ans ;
Guidez notre jeunesse,
Veillez sur vos enfants.

Et parmi les orages
D'un monde séducteur
Sauvez-nous des naufrages ;
Ah ! gardez notre cœur.

Un pieux enfant aux pieds de Marie.

Air : N° 16.

En ce jour,
O bonne Madone ! } bis.
Je te donne
Mon amour :
Je te donne } bis.
Mon amour.

Jour et nuit,
  La terre
    Entière,
Tendre Mère,
Te bénit.

Pour toujours
  Mon âme
    S'enflamme,
Et réclame.
Ton secours.

Si mon cœur,
  O Mère
    Si chère,
Peut te plaire,
Quel bonheur !

Donne-moi,
  Marie
    Chérie,
Pour la vie
D'être à toi.

En ton nom
  J'espère
    Lumière,
Tendre Mère,
Et pardon.

A la mort,
  Qui prie
    Marie,
Plein de vie
Entre au port.

Piété filiale envers Marie.

Air : N° 11.

De notre Mère
Publions à jamais
  Sur cette terre
La gloire et les bienfaits :
Elle aime la jeunesse :
Célébrons sa tendresse,
  Et de son cœur
Bénissons la douceur !

Vierge Marie,
Souris à tes enfants ;
  Mère chérie,
Daigne agréer leurs chants :
Que leurs vœux d'âge en âge
Soient à jamais le gage
  Du tendre amour
Qu'ils te vouent sans retour !

T'aimer sans cesse,
O Reine de mon cœur !
  T'aimer sans cesse
Fera tout mon bonheur ;

Je t'offre mon hommage,
Et je veux, sans partage,
    Vivre pour toi
Et t'engager ma foi.

    Tendre Marie,
Souveraine des cieux,
    Mère chérie,
Patronne de ces lieux,
Veille sur notre enfance,
Sauve notre innocence,
    Et de nos jours
Viens embellir le cours.

    Mère de vie,
Reine aimable des cieux,
    De Dieu choisie
Pour combler tous nos vœux :
Tu vois notre misère,
Montre-toi notre Mère ;
    Répands sur nous
Tes bienfaits les plus doux.

    L'enfer s'élance,
Et veut dans sa fureur
    De notre enfance
Déjà ternir la fleur :
Mais toujours invincible,
Dans ce combat terrible,
    Par ton saint nom
Je vaincrai le démon.

    Dès le jeune âge
Soyons tous au Seigneur :
    De notre hommage
Offrons-lui la ferveur.
Pour embraser nos âmes,
Ah ! prête-nous tes flammes !
    Jusqu'au Sauveur
Elève notre cœur !   5.

O Bienfaitrice
De nos plus tendres ans !
O Protectrice
De nos derniers moments !
O douce, ô tendre Mère,
Trop heureux de te plaire,
Tout notre amour
Est à toi sans retour.

Marie, Consolatrice des affligés.

Air : N° 13.

Douce Marie,
Mère chérie,
O vrai bonheur
Du cœur !
Ma tendre Mère,
En toi j'espère ;
Sois mon secours
Toujours ! } *bis.*

Tout ce qui souffre sur la terre
En toi trouve un puissant secours :
Ton cœur entend notre prière,
Et ton cœur nous répond toujours.
　　Douce, etc.

Tu nous consoles dans nos peines,
Tu viens à nous dans l'abandon ;
Du pécheur tu brises les chaînes,
C'est toi qui donnes le pardon.
　　Douce, etc.

Ta douce main sèche nos larmes,
Ton nom si doux guérit nos maux :
Et nous trouvons encor des charmes
A te prier sur des tombeaux.
　　Douce, etc.

Tu viens consoler ceux qui pleurent,
Et tu prends soin des malheureux !
Tu viens visiter ceux qui meurent,
Et tu les portes dans les cieux.
  Douce, etc.

C'est toi qui gardes l'innocence
Dans l'âme des petits enfants ;
C'est toi qui gardes l'espérance
Dans les cœurs glacés par les ans.
  Douce, etc.

Je te consacre donc mes peines,
Je te consacre mes douleurs ;
Unissant mes larmes aux tiennes,
Taris la source de mes pleurs.
  Douce, etc.

Serment de fidélité à notre bonne Mère.

Air : *N° 51.*

Vous en êtes témoins, Anges du sanctuaire,
De la Mère de Dieu nous sommes les enfants ;
C'en est fait, et Marie a reçu nos serments :
Honneur, respect, amour à notre tendre Mère.

Oui, nous l'avons juré, nous sommes ses enfants :
L'aimer est de nos cœurs le vœu le plus sincère ;
Et les cieux mille fois redisant nos serments,
Comme nous mille fois (*bis*) béniront notre Mère (*ter*).

De puissants ennemis nous déclarent la guerre ;
Je sens mon cœur frémir à l'aspect des combats.
Soutiens-nous, ô Marie ; à nos débiles bras
Daigne prêter l'appui de ton bras tutélaire.
  Oui nous l'avons, etc.

Si, pour nous entraîner, des faux biens de la vie
Le monde offre à nos yeux les attraits imposteurs ;
Disons-lui, repoussant ses funestes douceurs :
Mon cœur n'est plus à moi ; mon cœur est à Marie.
Oui, nous l'avons, etc.

Ainsi toujours vainqueurs si son bras nous seconde,
Et chargés de lauriers dès nos plus jeunes ans,
Toujours nous foulerons sous nos pas triomphants
Les pompes de Satan, les vains plaisirs du monde.
Oui, nous l'avons, etc.

Marie bénie entre toutes les mères.

Air : N° 43.

Salut, ô Vierge immaculée,
Brillante étoile du matin,
Que l'âme ici-bas exilée
N'a jamais invoquée en vain !
De tes enfants exauce les prières,
Du haut du ciel daigne les protéger ;
Mère bénie entre toutes les mères, } bis.
Sois-nous propice à l'heure du danger.

Quand, loin de cet aimable asile
De l'innocence et du bonheur,
Où tu sais nous rendre facile
La loi sainte d'un Dieu Sauveur,
Mille ennemis, mille cruelles guerres
Nous rendront lourd ce fardeau si léger,
Mère bénie entre toutes les mères, } bis.
Sois-nous propice à l'heure du danger.

Maintenant, à l'abri du monde,
Notre âme goûte un doux sommeil ;
Mais l'orage qui déjà gronde,

Lui présage un triste réveil.
Bientôt, hélas ! vers de lointaines terres,
Nous voguerons, timides passagers ;
Mère bénie entre toutes les mères,
Sois-nous propice à l'heure du danger. } *bis.*

Veille sur nous, tendre Marie,
Surtout à l'heure du trépas ;
Fais qu'en la céleste patrie
Ton Fils nous reçoive en ses bras.
Quand précédé d'éclairs et de tonnerres,
Avec rigueur il viendra nous juger,
Mère bénie entre toutes les mères,
Sois-nous propice à l'heure du danger. } *bis.*

Traduction du Memorare.

Air : N° 44.

Souvenez-vous, ô tendre Mère,
Qu'on n'eut jamais recours à vous
Sans voir exaucer sa prière,
Et dans ce jour exaucez-nous.

Des siècles écoulés j'interroge l'histoire :
Pour dire ses bienfaits, ils n'ont tous qu'une voix ;
Verrais-je en un seul jour s'obscurcir tant de gloire ?
L'invoquerais-je en vain pour la première fois ?
    Souvenez-vous, etc.

Marie aux vœux de tous prêta toujours l'oreille :
Le juste est son enfant, il peut tout sur son cœur ;
Mais auprès du pécheur jour et nuit elle veille :
Il est son fils aussi, l'enfant de sa douleur !...
    Souvenez-vous, etc.

Et moi, de mes péchés traînant la longue chaîne,
Vierge sainte, à vos pieds j'implore le pardon ;

Me voici tout tremblant, et je n'ose qu'à peine
Lever les yeux vers vous, prononcer votre nom.
    Souvenez-vous, etc.

Mais quoi ! je sens mon cœur s'ouvrir à l'espérance ;
Il retrouve la paix, il s'enflamme d'amour :
Je n'ai pas vainement imploré sa clémence,
La Mère de Jésus est ma mère en ce jour.
    Souvenez-vous, etc.

Je n'ai plus qu'un désir à former sur la terre ;
O ma Mère, mettez le comble à vos bienfaits :
Que j'expire à vos pieds et dans ce sanctuaire,
Si je ne dois au ciel vous aimer à jamais !
    Souvenez-vous, etc.

Même sujet.

Air : N° 40.

Reine du ciel, Vierge Marie,
O vous, ma patronne chérie,
De tout mortel qui souffre et prie
Souvenez-vous, souvenez-vous.
Vous d'un Dieu virginale Mère,
Qui des cieux rapprochez la terre,
Vous par qui le pécheur espère,
Priez pour nous, priez pour nous.

O des élus fleur précieuse !
Rose blanche et mystérieuse !
De l'enfance simple et pieuse
Souvenez-vous, souvenez-vous.
Souvenez-vous de nos misères,
De nos larmes, de nos prières,
Des enfants qui n'ont plus de mères ;
Priez pour nous, priez pour nous.

Du pauvre opprimé sans défense,
Du malade sans espérance,
Et du mourant sans assistance,
Souvenez-vous, souvenez-vous.
Reine des Saints, Reine des Anges,
Recevez-nous dans vos phalanges :
Qu'au ciel nous chantions vos louanges !
Priez pour nous, priez pour nous.

Le pécheur pénitent aux pieds de Marie.

Air : *N° 33.*

Refrain.

Par mes soupirs, ô tendre Mère,
Ah ! laissez toucher votre cœur :
Soulagez la douleur amère
D'un enfant rebelle et pécheur.

Qui me rendra de mon enfance
Les jours à jamais précieux,
Où j'étais vêtu d'innocence,
Enivré du parfum des cieux ?

Soumis à la sainte parole
Et nourri du pain des élus,
Je portais au front l'auréole,
Au cœur le trésor des vertus.

J'ai tout perdu : triste naufrage !
Comme un navire loin du port,
Battu par les vents et l'orage,
Loin de Dieu j'ai trouvé la mort.

J'ai méconnu le bien suprême,
Et mon cœur ingrat s'est fermé,
Pour repousser la beauté même,
Le Sauveur qui m'a tant aimé.

Séduit par de folles délices
Et cédant à tous mes désirs,
Je n'ai trouvé que des supplices,
Le remords au lieu des plaisirs.

Le monde couronnait ma tête,
Et sur mes pas jetait des fleurs ;
Mais dans ses plus beaux jours de fête,
En secret je versais des pleurs.

Je viens à vous, douce Marie,
Le cœur contrit et repentant :
Rendez-moi le calme et la vie,
Prenez pitié de votre enfant.

Notre-Dame des malades.

Air : *N° 39.*

Refrain.

Reine des cieux (*bis*),
Priez pour ceux qui pleurent ;
Priez, priez pour ceux qui meurent :
Priez, priez, priez pour eux.

Prions, prions : les pauvres de la terre,
Tout ce qui souffre a droit à son puissant secours.
Des malheureux surtout elle entend la prière,
Aux plaintes de leur cœur son cœur répond toujours.

Prions, prions : et la Vierge Marie
Du malade étendu sur un lit de douleur
Entendra les soupirs, lui gardera la vie,
Ou bien le conduira dans l'éternel bonheur.

Prions, prions : Marie est le refuge
Et l'appui des pécheurs, des pécheurs repentants ;

Elle plaide leur cause, elle apaise leur juge ;
Elle aime les pécheurs, ils sont tous ses enfants.

Prions, prions : Marie est l'espérance
Du pauvre agonisant sous l'ombre de la mort :
Au cri de sa douleur, du ciel elle s'élance,
Et l'enfer est vaincu : son amour est plus fort.

Prions, prions : Marie ! elle est la mère
Des petits orphelins, des enfants délaissés :
En son cœur maternel si l'orphelin espère,
Elle a toujours sur lui les regards abaissés.

Prions, prions : la Vierge Immaculée
Aux pieds de l'Eternel portera tous nos vœux ;
L'âme qui la chérit ne peut être exilée
De la sainte Sion : elle a sa place aux cieux.

Marie, patronne de la Bonne-Mort.

Air : *N° 6.*

A votre bienveillance,
O Vierge, j'ai recours ;
Soyez mon assistance
En tous lieux et toujours ;
Vous-même êtes ma Mère,
Jésus est votre Fils :
Portez-lui la prière
De vos enfants chéris.

Sainte Vierge Marie,
Asile des pécheurs,
Prenez part, je vous prie,
A mes justes frayeurs ;
Vous êtes mon refuge,
Votre Fils est mon roi,
Mais il sera mon juge :
Intercédez pour moi.

Ah ! soyez-moi propice
Quand il faudra mourir :
Apaisez sa justice,
Je crains de la subir ;
Mère pleine de zèle,
Protégez votre enfant :
Je vous serai fidèle
Jusqu'au dernier instant.

Je promets, pour vous plaire,
O Reine de mon cœur,
De ne jamais rien faire
Qui blesse votre honneur :
Je veux de l'innocence
Ne m'écarter jamais :
Et ma reconnaissance
Publira vos bienfaits.

Voyez couler mes larmes,
Mère du saint amour,
Finissez mes alarmes
Dans ce triste séjour ;
Venez rompre ma chaîne,
Je veux aller à vous :
Aimable souveraine,
Régnez, régnez sur nous.

Le mois de Marie.

Air : *N° 9 ou N° 15.*

Refrain.

C'est le mois de Marie,
C'est le mois le plus beau :
A la Vierge chérie
Disons un chant nouveau.

Ornons le sanctuaire
De nos plus belles fleurs ;
Offrons à notre Mère
Et nos chants et nos cœurs.

De la saison nouvelle
On vante les bienfaits ;
Marie est bien plus belle,
Plus doux sont ses attraits.

L'étoile éblouissante,
Qui jette au loin ses feux,
Est bien moins éclatante,
Son aspect moins pompeux.

Qu'une brillante aurore
Vienne enchanter nos yeux ;
Marie efface encore
Cet ornement des cieux.

Au vallon solitaire,
Le lis, par sa blancheur,
De cette Vierge Mère
Retrace la candeur.

Aimable violette,
Ta modeste beauté
Est l'image imparfaite
De son humilité.

La rose épanouie
Aux premiers feux du jour,
Nous peint bien de Marie
L'inépuisable amour.

O Vierge, viens toi-même
Viens semer dans nos cœurs
Les vertus dont l'emblème
Se découvre en des fleurs.

Dans la sainte patrie
Puissions-nous à jamais,
Sainte Vierge Marie,
Célébrer tes bienfaits !

PROPRE DES SAINTS

A Saint Joseph.

Air : N° 23.

Refrain.

Joseph, nous vous rendons hommage ;
Grand saint, donnez-nous vos vertus,
Et nous retracerons l'image
Et de Marie et de Jésus.   (*bis*).

Epoux fortuné de Marie,
Fortuné père de Jésus,
Parfait modèle de la vie
Qui forme les saints, les élus...

A vos soins un Dieu s'abandonne :
Soyez aussi mon conducteur ;
Déjà Marie est ma patronne :
Soyez mon père et mon tuteur.

Jésus, dès sa première enfance,
Partage, adoucit vos travaux :
Dans tous les miens que sa présence
Me soit de même un doux repos.

Jésus assiste avec Marie
A votre bienheureux trépas :
Faites qu'en terminant ma vie
Aussi j'expire entre leurs bras.

Et que, de vertus enrichie,
Mon âme au séjour des élus,
Comme vous, auprès de Marie
Contemple, bénisse Jésus.

Même sujet.

Air : N° 41.

Refrain.

Saint époux de Marie,
Ecoutez nos accents ;
Au ciel, notre patrie,
Priez pour vos enfants
Priez (*ter*) pour vos enfants (*bis*).

Le Sauveur sur la terre
Reçut vos soins touchants :
Soyez pour nous un père,
Priez pour vos enfants.

Témoin de sa naissance
Et de ses jeunes ans,
Gardien de son enfance,
Priez pour vos enfants.

L'enfer contr'eux sans cesse
Lance ses traits brûlants :
Ah ! voyez leur détresse,
Priez pour vos enfants.

Gardez notre jeune âge
Des plaisirs séduisants :
Quand grondera l'orage,
Priez pour vos enfants.

Même sujet.

Air : *N*° 50.

Refrain.

Volez, volez, Anges de la prière,
A Joseph, au plus haut des cieux,
Offrez, offrez de notre amour sincère
Les accents, l'hommage et les vœux (*ter*).

Joseph, comme nous sur la terre
Tu gémis, tu versas des pleurs ;
Que l'aspect de notre misère
Sur nous attire tes faveurs.

Réponds à notre confiance,
Parmi nous conserve à jamais
Avec la fleur de l'innocence
Les charmes si doux de la paix.

Le monde de sa folle ivresse
Nous offre les trompeurs appas :
Brise sa coupe enchanteresse ;
De ses piéges garde nos pas.

Quand sonnera l'heure dernière,
Saint Patron de la Bonne-Mort,
Du triste exil de cette terre
Daigne encor nous conduire au port.

Que près de toi, près de Marie,
Aux pieds du trône de Jésus,
Nous jouissions, dans la patrie,
Du bonheur promis aux élus.

Même sujet.

Air : *N° 22.*

Inspirés par l'amour et la reconnaissance,
  Faisons éclater nos transports ;
A chanter de Joseph la bonté, la puissance,
  Consacrons nos pieux accords.
   Tandis que pour lui nos cantiques
   Vont retentir jusques aux cieux,
   Du haut des célestes portiques
   Sur nous s'abaisseront ses yeux.

Refrain : Vous qu'en vain jamais on ne prie, } *bis.*
   O le plus doux des bienfaiteurs,
    Avec Jésus, avec Marie } *bis.*
   A jamais vivez dans nos cœurs.

Le Sauveur dans les mains de sa Mère chérie
  Dépose toutes ses faveurs ;
Par les mains de Joseph la divine Marie
  Répand ses trésors dans nos cœurs.
   Joseph aime à voir sous son aîle
   Tous ses enfants se réunir ;
   Chaque jour sa main paternelle
   Sur eux s'étend pour les bénir.

Le juste avec Joseph, loin du bourbier du vice,
  Suit du vrai bonheur le chemin ;
Pour vous faire sortir de l'affreux précipice,
  O pécheurs, il vous tend la main.
   Les sentiers de la pénitence
   Devant lui se couvrent de fleurs ;
   L'affligé par son assistance,
   Trouve des charmes dans les pleurs.

Voyez-vous ce chrétien, le front calme et tranquille,
  Au fort de ses derniers combats ?

Il est comme un rocher sous les flots immobile :
　Joseph le soutient de son bras.
　Bientôt dans l'heureuse patrie
　Où Dieu couronne les élus,
　Il le mène aux pieds de Marie
　Qui l'offre elle-même à Jésus.

Saint Joseph, Patron de la Bonne-Mort.

Air : N° 54.

Refrain.

　Joseph notre espérance,
　Veillez sur notre sort ;
　Soyez notre défense
　A l'heure de la mort.

Il est une heure sombre
Qu'on redoute toujours,
Qui couvre de son ombre
Le dernier de nos jours.

Dans ces moments suprêmes
Que devient le pécheur,
Quand les justes eux-mêmes
Pâlissent de terreur ?

Que votre mort fut belle !
Votre œil déjà voyait
La couronne immortelle
Que Dieu vous présentait.

Près du lit mortuaire,
Oh ! vous sentiez Jésus
Vous montrant de la terre
Le bonheur des élus.

Une autre voix chérie
Parlait encor des cieux :

C'est la voix de Marie
Vous disant ses adieux.

Ah ! puissions-nous entendre,
En mourant, comme vous,
Cette parole tendre :
Tu seras avec nous.

A St. Latuin, premier Evêque de Séez.

Air : *N° 42*.

Refrain.

Saint pasteur, ton peuple fidèle,
Heureux de vivre sous ton aile,
   Implore ton secours.
De nos vœux accepte l'hommage,
Et de ton antique héritage
   Sois le gardien toujours (*ter*).

Ne promis-tu pas à nos pères,
Avant de t'envoler aux cieux,
Que pour soulager leurs misères,
Ton cœur resterait avec eux ?

Répands ta charité brûlante
Dans le sein de tes successeurs,
Et que sa flamme pénétrante
Echauffe et brebis et pasteurs.

Ecarte de la faible enfance
Des dangers toujours menaçants :
Que ferait l'agneau sans défense
Entouré de loups ravissants ?

Si notre âme, au souffle du monde,
Venait à perdre sa candeur,
Obtiens-nous la douleur profonde
Qui lave et rajeunit le cœur.

Que ta protection puissante,
Par des prodiges renaissants,
Rende la santé florissante
A nos malades languissants.

De l'affligé sèche les larmes ;
Du pauvre soulage la faim ;
Au combattant prête des armes :
S'il est blessé, tends-lui la main.

Que ta relique tutélaire
Nous garde la nuit et le jour ;
Et de ton pieux sanctuaire
Nous élève au divin séjour.

A Saint Vincent de Paul.

Air : *N° 21.*

Refrain.

Il a passé faisant le bien ;
Célébrons ses vertus, sa charité, son zèle : ⎫
    Vincent ! c'est le plus beau modèle   ⎬ *bis.*
Et du prêtre fidèle et du fervent chrétien. ⎭
    Il a passé faisant le bien (*bis.*)

Celui qui dans son âme
Porte le feu sacré,
Ne peut garder la flamme
Dont il est dévoré.
Il faut, l'amour l'ordonne,
Qu'elle éclate et rayonne,
Qu'elle brille en tous lieux,
Cette flamme des cieux.

Les pauvres de la terre
Etaient tous ses amis :

Vincent était leur père,
Il les a tous nourris.
L'enfance délaissée,
La vieillesse affaissée,
La veuve et l'orphelin,
Tous lui criaient : Du pain !

Un jour il trouve à terre
De tout petits enfants...
Il leur donne une mère
Et des berceaux charmants...
Oh ! qu'elles soient bénies,
Vincent, nos sœurs chéries,
Nos sœurs de charité !
Elles ont ta bonté !

Il a donné sans peine
Jusqu'à sa liberté ;
Il a porté la chaîne
De la captivité !
Pour l'homme à l'agonie
Il a donné sa vie !
Son amour est plus fort
Que l'enfer et la mort !

A l'honneur d'être prêtre
Tous les vœux l'ont porté ;
Lui regrette de l'être
Dans son humilité.
Seigneur, à votre Eglise,
Epouse humble et soumise,
Accordez aujourd'hui
Des prêtres comme lui.

Au Saint Ange Gardien.

Air : N° 3.

Refrain.

Ange fidèle,
Entends mes vœux :
Que sous ton aile
Je vole aux cieux.
} *bis.*

C'est toi qui gardes l'innocence
Dans l'âme des petits enfants ;
C'est toi qui protége l'enfance
Contre tant d'ennemis puissants.

Quand un enfant, près de sa mère,
Donne son cœur à Dieu le soir,
C'est toi qui porte sa prière
Là haut, dans un bel encensoir.

Si cet enfant, rempli de charmes,
Tombe un jour malgré ton appui,
Ange saint, tu verses des larmes,
Des larmes amères sur lui.

C'est toi qui sauves la jeunesse
De ses folles illusions ;
C'est toi qui gardes la vieillesse
Contre les sombres passions.

Et quand gronde le sombre orage,
Et quand elle approche, la mort !
C'est toi qui sauves du naufrage,
C'est toi qui nous conduis au port.

Ange saint, désarme la colère
Du ciel irrité contre nous ;
Porte à Jésus notre prière
Et daigne le prier pour nous.

Même sujet.

Air : *N° 2.*

Refrain.

Ange de Dieu, souris à ma prière,
Et prends ton vol pour la porter aux cieux ;
Fidèle ami que m'a donné mon Père,
Fais qu'il daigne écouter mes vœux.

De ce monde importun qui s'agite et murmure,
Ecarte loin de moi la confuse rumeur ;
Quand le calme des nuits descend sur la nature,
Fais régner la paix dans mon cœur.

Tel que le jeune enfant, qui sous l'œil de sa mère,
Paisiblement s'endort vers le déclin du jour,
Fais que je goûte en paix un repos salutaire,
Sous la garde de ton amour.

Au pied du saint autel la prière est finie ;
Mais dans mon âme encor conserve la ferveur ;
Place, avant mon sommeil, la croix, arbre de vie,
Entre mes bras et sur mon cœur.

TABLE DES MATIÈRES

PAR ORDRE ALPHABÉTIQUE.

PREMIÈRE PARTIE.

HYMNES ET PROSES.

	pages.
Ad Jesum accurrite.	4
Ave, mundi gloria.	12
Ave, Virgo virginum.	10
Cœlitum, Joseph, decus.	16
Festa solemnibus.	19
Iste quem læti colimus.	16
Jerusalem et Sion filiæ.	6
Maria concipitur.	9
Nobilis proles generosa gentis.	20
Noel! Noel!	3
Omni die.	13
Quando parem te, Gonzaga.	21
Quicumque sanus vivere.	17
Salve, Mater Salvatoris.	11
Salve, Pater Jesu mei.	18
Summe summi tu Patris unice.	8
Te Mariam laudamus.	14
Venite, cuncti, currite.	5

SECONDE PARTIE.

CANTIQUES.

Nos		pages.
1.	Adressons notre hommage.	62
2.	Ange de Dieu, souris.	85
3.	Ange fidèle.	84
53.	Armons-nous, la voix du Seigneur.	31
4.	A tes pieds Dieu que j'adore.	39
5.	Auteur de toutes choses.	49
6.	A votre bienveillance.	73
7.	Bénissons à jamais.	53
8.	C'est le mois de Marie.	74
9.	C'est le nom de Marie.	58
10.	Dans ce profond mystère.	45
11.	De notre Mère.	64
12.	Dieu de mon cœur.	46
13.	Douce Marie.	66
14.	Du malheureux adoucissons.	54
15.	D'une Mère chérie.	59
16.	En ce jour.	63
17.	Enfant pécheur, va répandre.	40
18.	Esprit-Saint, Dieu de lumière.	23
19.	Grand Dieu, mon cœur touché.	38
5.	Grand Dieu, par qui...	49
20.	Honneur, louange, amour.	57
21.	Il a passé faisant le bien.	82
22.	Inspirés par l'amour.	79
54.	Joseph notre espérance.	80
23.	Joseph, nous vous rendons.	76
24.	Le ciel en est le prix.	33
25.	Les Anges dans nos campagnes.	24
26.	Le soleil vient de finir.	34

Nos	TABLE DES MATIÈRES.	pages.
27.	Les portes du jour sont ouvertes.	52
27.	L'oiseau vigilant nous réveille.	51
28.	Marie, ô nom que l'enfance.	57
29.	Mon doux Jésus.	40
27.	O Christ, notre unique lumière.	52
30.	O divine enfance.	27
31.	O Roi des cieux.	42
32.	O Saint Esprit, donnez-nous.	23
33.	Par mes soupirs.	71
34.	Pauvre étranger sur la terre.	32
35.	Pécheur aveugle et téméraire.	36
37.	Que j'aime ce divin enfant!	25
38.	Quelle étonnante merveille.	44
52.	Vous que nos vœux.	42
39.	Reine des cieux, priez.	72
40.	Reine du ciel, Vierge Marie.	70
41.	Saint époux de Marie.	77
42.	Saint Pasteur, ton peuple fidèle.	81
43.	Salut, ô Vierge Immaculée.	68
27.	Source ineffable de lumière.	50
44.	Souvenez-vous, ô tendre Mère.	69
45.	Suivons, chrétiens, sur le Calvaire.	29
5.	Tandis que le sommeil.	48
46.	Unis aux concerts des Anges.	60
5.	Verbe égal au Très-Haut.	48
47.	Vierge sans tache et sans souillure.	56
48.	Vive Jésus! c'est le cri de mon âme.	26
59.	Voici les jours de la miséricorde.	35
50.	Volez, volez, Anges de la prière.	78
51.	Vous en êtes témoins.	67
55.	Le ciel a visité la terre.	43

www.ingramcontent.com/pod-product-compliance
Lightning Source LLC
LaVergne TN
LVHW050558090426
835512LV00008B/1228